BEI GRIN MACHT SICH IHR WISSEN BEZAHLT

- Wir veröffentlichen Ihre Hausarbeit,
  Bachelor- und Masterarbeit

- Ihr eigenes eBook und Buch -
  weltweit in allen wichtigen Shops

- Verdienen Sie an jedem Verkauf

Jetzt bei www.GRIN.com hochladen
und kostenlos publizieren

Nora Nebel

Eine medienphilosophische Betrachtung des aktuellen Bilddiskurses "Bilder der Gewalt - Gewalt der Bilder"

GRIN Verlag

Bibliografische Information der Deutschen Nationalbibliothek:

Die Deutsche Bibliothek verzeichnet diese Publikation in der Deutschen National-
bibliografie; detaillierte bibliografische Daten sind im Internet über http://dnb.d-
nb.de/ abrufbar.

Impressum:

Copyright © 2010 GRIN Verlag, Open Publishing GmbH
Druck und Bindung: Books on Demand GmbH, Norderstedt Germany
ISBN: 978-3-656-48314-4

Dieses Buch bei GRIN:

http://www.grin.com/de/e-book/163120/eine-medienphilosophische-betrachtung-
des-aktuellen-bilddiskurses-bilder

GRIN - Your knowledge has value

Der GRIN Verlag publiziert seit 1998 wissenschaftliche Arbeiten von Studenten, Hochschullehrern und anderen Akademikern als eBook und gedrucktes Buch. Die Verlagswebsite www.grin.com ist die ideale Plattform zur Veröffentlichung von Hausarbeiten, Abschlussarbeiten, wissenschaftlichen Aufsätzen, Dissertationen und Fachbüchern.

Besuchen Sie uns im Internet:

http://www.grin.com/

http://www.facebook.com/grincom

http://www.twitter.com/grin_com

Medienphilosophie „Bilder der Gewalt - Gewalt der Bilder"

In der heutigen Zeit spielen Medien in nahezu allen Lebensbereichen eine wichtige Rolle, so dass man von einer Medialisierung der Lebenswelt sprechen kann. Dem trägt die Medienphilosophie Rechnung.

Die Medienphilosophie existiert zumindest dem Namen nach seit Beginn der 1990er Jahre, allerdings herrscht bis heute ein Dissens, was darunter zu verstehen ist. Ich vertrete die Auffassung, dass sich die philosophische Subdisziplin erst während des letzten Dezenniums im Zuge der Etablierung der digitalen Medien allmählich zu einem florierenden Forschungsfeld entwickelt hat. Dementsprechend handelt es sich um einen Bereich der Philosophie, der sich als „work in progress" mit unscharfen Demarkationslinien charakterisieren lässt.

Zwar spielten Medien in der Philosophiegeschichte durchaus seit der Antike eine Rolle - erinnert sei exemplarisch an Platons Schriftkritik im Phaidros - allerdings wird das Thema eher en passant gestreift. Es existiert keine kontinuierliche Text- und Forschungstradition. Die explizite Thematisierung und Reflexion der Medien hat sich weitestgehend abseits und unabhängig von der Philosophie entwickelt. Daher sind medientheoretische Ausführungen von Philosophen wie Theodor W. Adorno, Walter Benjamin, Ernst Cassirer oder Friedrich Nietzsche als medienphilosophische Ansätze avant le lettre zu bezeichnen.

Die Relevanz der Medienphilosophie möchte ich im Folgenden anhand des Mediums Bild erläutern. Ich habe für diesen Essay den Titel eines Aufsatzes von Peter Sloterdijk übernommen: „Bilder der Gewalt – Gewalt der Bilder" da dieser Chiasmus den Rahmen des aktuellen philosophischen Bilddiskurses absteckt.

Zunächst möchte ich die „Gewalt der Bilder" skizzieren.

Die Verabschiedung von der so genannten „Gutenberg-Galaxie", der Epoche des Buches, hat der Omnipotenz der Bilder die Bahn geebnet: Unser Alltag wird dank unbegrenzter Möglichkeiten der Bildproduktion, -distribution und -reproduktion von visuellen Eindrücken überflutet. Die meist synonym gebrauchten Termini „iconic turn" und „pictorial turn" suggerieren in Anspielung auf den primär von Ludwig Wittgenstein initiierten „linguistic turn" zu recht die Ablösung der Sprache als Hauptkategorie der Wirklichkeitserfassung durch das Bild.

Seine Popularität und Faszinationskraft verdankt das Bild per se seiner ikonischen Differenz, der materiellen Manifestation von etwas Immateriellem: Bilder machen etwas sichtbar, was sie selbst nicht sind und was ohne sie nicht sichtbar wäre. Diese u.a. von Edmund Husserl und Jean Paul Sartre konstatierte Ambivalenz zeigt sich in gesteigertem Ausmaß in technisch generierten Digitalbildern. Hier richtet sich die Sinneswahrnehmung auf etwas, das im traditionellen ontologischen Sinn nicht in der Welt existent ist, sondern auf eine durch technische Apparate evozierte Medienwirklichkeit ohne dass ein physisch zugängiger Realkontext zwingend erforderlich ist.

Diese Referenzlosigkeit des Visuellen ist nicht neu - erinnert sei beispielsweise an das Thaumatrop, ein so genanntes „philosophical toy", das Mitte des 19. Jahrhundert en vogue war - allerdings weist diese heute eine andere Qualität auf: Medienwirklichkeit und Realität synthetisieren.

Anders als dem von Otto Neurath 1936 ins Leben gerufenen System von universal gültigen Piktogrammen muss den heutigen technischen Bildern der Status einer lingua franca entschieden abgesprochen werden.

Die Digitalisierung des Visuellen, das Rechnen von Bildern, erschafft statische und bewegte Bilder im phänomenologischen Code des Realbildes ohne eine Referenz zur Realität. Diese synthetisch erzeugten Bilder werden durch verschiedene Trägermedien wie Laptop, Mobiltelefon, TV in Umlauf gebracht und generieren somit eine Hyperrealität ohne Senden und Empfangen an sich. Per se suggerieren Bilder Evidenz und evozieren beim Rezipienten die Illusion der Augenzeugenschaft, da sie im immersiven Modus wahrgenommen werden. Die ambivalente Eigenschaft der modernen Bilder kollidiert mit der aufgrund kultureller Darstellungskonventionen internalisierten und jedem Bild unterstellten Urbild-Abbildrelation. Die Definition Platons von Bild als das „einem Anderen ähnlich gemachte" (Sophistes, 240 a), ist vom medienphilosophischen Standardpunkt aus obsolet.

Die mit Jean Baudrilliard als „Simulakren der Simulation" zu bezeichnenden modernen Bilder haben sich von dem traditionellen Repräsentationsraum der

Wahrnehmungsästhetik emanzipiert und dem Bildbetrachter somit die visuelle Verfügungsgewalt entzogen. Die zwischen Ikonizität, Indexikalität und Hyperrealität changierenden Bilder spielen eine wichtige Rolle im alltäglichen Erkenntnisprozess und üben so Gewalt aus. Die von Peter Sloterdijk diagnostizierte „Allmacht der Bilder" zu durchbrechen ist eines der Anliegen einer noch in den Kinderschuhen steckenden Medienphilosophie und Medienethik.

Mit Jean Baudrilliard sollte aber auch konstatiert, werden dass den Bildern selbst Gewalt angetan wird, indem sie mit Bedeutung überfrachtet und instrumentalisiert werden. Aufgrund zahlreicher Eingriffsmöglichkeiten in den Prozess der Bildproduktion – angefangen bei Bildbearbeitung über Bildkontextualiserung zur Fotomontage – tritt das Sujet hinter den Sinn, der ihm aufgezwungen wird, zurück.

Den arbiträren Charakter digitaler Bilder möchte ich anhand dreier Bespiele illustrieren.

Abb. 1   Abb. 2

Quelle: Streitmüller, Andreas (2005): Alle Bilder lügen. Foto - Film - Fernsehen - Fälschung. Universitätsverlag Konstanz: Konstanz. S. 7.

Abbildung 1 zeigt ein Bild das im Feburar 2001 veröffentlicht wurde. Hier – so macht es Abbildung 2 deutlich, wird ein Absperrseil fälschlicherweise mit dem Hinweis

„Schlagstock" versehen. Ein Autodachgepäckträger, an dem sich ein Demonstrant festhält wird als „Bolzenschneider" etikettiert.

Abb. 3

Abbildung 3 zeigt ein Foto, das im März 2003 auf der Titelseite der LA Times erschien. Das Foto wurde aus zwei anderen Fotos generiert, um einen dramatischern Effekt zu erzielen:

Abb. 4   Abb. 5

Quelle: http://www.rhetorik.ch/Bildmanipulation/Bild-manipulation.html#kombination. Letzter Aufruf : 14.07.2010.

Auch folgendes Foto zeigt die Manipulationskraft des Visuellen:

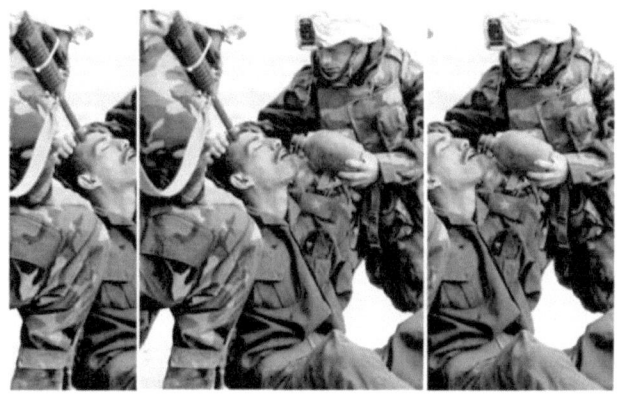

Abb. 6
Quelle: ttp://einestages.spiegel.de/external/ShowTopichAlbumBackground/a2344/l2/l0/
F.html#featuredEntry. Letzter Aufruf: 14.07.2010

Das Original-Bild in der Mitte aus dem Jahr 2003 zeigt einen irakischen Soldaten, der von zwei amerikanischen Soldaten flankiert ist. In der Presse wurden sowohl der rechte als auch der linke Bildausschnitt veröffentlicht!

Die Suggestionskraft dieser Bilder, welcher der Rezipient aufgrund der Illusion eines intuitiven unmittelbaren und im Sinne der Korrespondenztheorie Wahrheit transportierenden Informationswertes unterliegt, zeigt, dass die Frage „Wie wirklich ist die medial vermittelte Wirklichkeit?" kaum zu beantworten ist.

Weiterhin sind das Fehlen ethischer Prinzipien und eine immense visuelle Darstellung von Gewalt zu konstatieren
Diese These möchte ich anhand zweier weiterer Bilder exemplifizieren.
Abbildung 7 zeigt einen vom World Trade Center hinabstürzenden Mann. Dieses Foto publizierte die Süddeutsche Zeitung am 13.09.2001 in Großformat.

Abb. 7

Das andere Bild möchte ich dem Leser/ der Leserin visuell ersparen. Es stammt aus dem Bürgerkrieg in Liberia und wurde im Juli 2003 in der Bildzeitung veröffentlicht. Das Foto zeigt einen hämisch grinsenden Soldaten, der den abgeschlagenen Kopf eines Mannes wie eine Trophäe in den Händen hält und diesen dem Bildbetrachter frontal präsentiert.

Beide Bilder wurden vom Deutschen Presserat als ethisch korrekt beurteilt. Meines Erachtens handelt es sich jedoch in beiden Fällen um eine eklatante Verletzung der Menschenwürde und Pietät.

Peter Sloterdijks etwas kryptisch klingende Mahnung „Wo immer Gewalt zitiert und abgebildet wird, ist sie als zitierende und Bild fordernde Macht selbst mit im Spiel" ist durchaus berechtigt. Neben einem Simulationseffekt hat die massive medial präsente Gewalt eine desensibilisierende Wirkung, unsere Empathiefähigkeit verkümmert, denn so Susan Sontag treffend: „Mitleid ist eine instabile Gefühlsregung; es muss in Handeln umgesetzt werden, sonst verdorrt es." Mit Adorno kann daher auch von einer „Banalisierung des Bösen" gesprochen werden.

Mit einem letzten Bild möchte ich auf die Tendenz zu einer Ikonisierung des Grauens hinweisen. Die hier gezeigt Trümmerlandschaft des Ground Zero wurde aufgrund seiner Allgemeinverständlichkeit zu einer modernen Ikone stilisiert. Das Foto erweckt infolge seiner offensichtlichen zeichenhaften Identität mit der bezeichneten Wirklichkeit den

Eindruck einer „direkten Spiegelung der Wirklichkeit". Durch die permanente Wiederholung des Bildes in den Massenmedien prägte sich dieses Foto als kanonisches Bild in das kulturelle Gedächtnis ein. Seine Wirkmächtigkeit verdankt dieses Bild jedoch auch einer bewussten Inszenierung, zitiert es doch ein anderes Bild der Hoffnungslosigkeit, das sich dem kulturellen Gedächtnis eingeprägt hat: Caspar Davids Friedrich Gemälde Eismeer aus dem Jahr 1823.

Abb. 8

Abb. 9

Abschließend ist folgendes festzuhalten:

Angesichts der im Zuge einer rhizomatischen Medialisierung zu konstatierenden „Agonie des Realen" stellen sich klassische Fragen der Philosophie neu. Insbesondere das Verhältnis zwischen Erfahrung und Realität gilt es auszuloten.

Da die Instanzen der medialen Selbstregulierung angesichts der omnipotenten und omnipräsenten Visualisierung von Gewalt versagen, ist die Etablierung einer umfassenden Medienethik dringend geboten!